LENGUA CASTELLANA Y LITERATURA

1.º ESO

Ortografía. Libro de trabajo

Juan Carlos Pantoja Rivero
Laura Espí Jimeno
Beatriz González Gallego
Esperanza Mateos Donaire
Emilio Sales Dasí

Revisión técnica
M.ª Asunción Monzón Agustín
María D. Ocaña Ávila

MADRID · BUENOS AIRES · CARACAS · GUATEMALA · LISBOA · MÉXICO · NUEVA YORK
PANAMÁ · SAN JUAN · BOGOTÁ · SÃO PAULO · AUCKLAND · HAMBURGO · LONDRES
MILÁN · MONTREAL · NUEVA DELHI · PARÍS · SAN FRANCISCO · SÍDNEY · SINGAPUR
SAINT LOUIS · TOKIO · TORONTO

LENGUA CASTELLANA Y LITERATURA

Ortografía. Libro de trabajo. 1.º ESO

No está permitida la reproducción total o parcial de este libro, ni su tratamiento informático, ni la transmisión de ninguna forma o por cualquier medio, ya sea electrónico, mecánico, por fotocopia, por registro u otros métodos, sin el permiso previo y por escrito de los titulares del Copyright. Diríjase a CEDRO (Centro Español de Derechos Reprográficos, www.cedro.org) si necesita fotocopiar o escanear algún fragmento de esta obra.

Nota: Este libro se atiene al artículo 32 del derecho de cita de la Ley de Propiedad Intelectual de 1996 (RDLeg 1/1996 de 12 de Abril).

Derechos reservados © 2015, respecto a la primera edición en español, por:

McGraw-Hill/Interamericana de España, S.L.
Basauri, 17
Edificio Valrealty, 1.ª planta
28023 Aravaca (Madrid)

ISBN Ortografía. Libro de trabajo: 978-84-481-9636-3
ISBN Libro del alumno Lengua castellana y Literatura. 1.º ESO: 978-84-481-9632-5
ISBN PACK Libro del alumno Lengua castellana y Literatura. 1.º ESO + Ortografía. Libro de trabajo: 978-84-481-9633-2
Depósito legal: M-8032-2015

Editores del proyecto: Marilia Blanco y Cristina Núñez
Diseño de cubierta: Paula Requena
Diseño interior: The cofee pot, SCP
Ilustraciones: Tatio Viana
Maquetación: Diseño y Control Gráfico, S.L.U.
Impreso en: Macrolibros, S.L.

IMPRESO EN ESPAÑA-*PRINTED IN SPAIN*

ÍNDICE

UNIDAD	PÁGINA

Unidad 1. Concepto de sílaba. Repaso de las normas básicas de acentuación de palabras 4

Unidad 2. La acentuación en los diptongos, triptongos e hiatos 6

Unidad 3. La tilde diacrítica 8

Unidad 4. El uso de las mayúsculas 10

Unidad 5. El uso de la *b* y la *v* 12

Unidad 6. El uso de la *c* y la *z* 14

Unidad 7. El uso de la *g* y la *j* 16

Unidad 8. El uso de la *h* 18

Unidad 9. El uso de la *ll* y la *y* 20

Unidad 10. El uso de la *r* y la *rr* 22

Unidad 11. El uso de la *x* y la *s* 24

Unidad 12. El uso de los signos de puntuación. La coma y el punto y coma 26

Unidad 13. El uso de los signos de puntuación. El punto, los dos puntos y los puntos suspensivos. La exclamación y la interrogación 28

Unidad 14. El uso de los signos de puntuación. La raya, el paréntesis y las comillas 30

Unidad 15. El uso de la cursiva, las abreviaturas y los símbolos 32

Unidad 16. Errores ortográficos comunes 34

1 Concepto de sílaba. Repaso de las normas básicas de acentuación de palabras

La **sílaba** es una unidad sin significado que se compone de una o más letras que se pronuncian juntas; una de dichas letras debe ser una vocal:

　　ca-ba-lle-ro　　cui-da-do-so　　ca-mi-náis　　pá-ja-ro

En todas las palabras hay siempre una **sílaba tónica,** que es la que se pronuncia más fuerte y, a veces, tiene que llevar una tilde:

　　ca-ba-**lle**-ro　　cui-da-**do**-so　　ca-mi-**náis**　　**pá**-ja-ro

Según la posición de la sílaba tónica, las palabras pueden ser:

- **Agudas.** Si la sílaba tónica es la última sílaba: a-**vión,** vo-**lar.**
- **Llanas.** Si la sílaba tónica es la penúltima: **ár**-bol, es-**tre**-lla.
- **Esdrújulas.** Si la sílaba tónica es la antepenúltima: **pá**-ja-ro, **há**-bi-to.
- **Sobresdrújulas.** Si la sílaba tónica es la cuarta sílaba contando desde el final de la palabra: **trái**-ga-me-lo.

Reglas generales de acentuación

Las palabras **agudas** llevan tilde cuando **terminan en vocal, n** o **s:** cum-**plí,** ser-**món,** ciem-**piés.**

Las **llanas** llevan tilde cuando **no terminan en vocal, n** o **s: há**-bil, **có**-mic.

Las **esdrújulas** y **sobresdrújulas** llevan tilde **siempre:** fan-**tás**-ti-co, **có**-me-te-lo.

1. Divide en sílabas las siguientes palabras, poniendo una en cada casilla y rodeando con un círculo la sílaba tónica:

calabaza				
martillo				
alto				
maravilloso				
masticar				
reloj				
examen				
arboleda				
elástico				
tutor				

2. Pon tilde a las siguientes palabras cuando sea necesario.   **Corrige**

camaron	receta	estatico	coletazo	divertir	solido
noche	saltatelo	escalerilla	colibri	principe	azul
mecanico	estorbo	dormilona	farol	discoteca	vivis

3. Explica por qué las tildes de las siguientes palabras son correctas o incorrectas, según cada caso: **Corrige**

- alámbre → _____
- gárgola → _____
- contról → _____
- pideseló → _____
- campeón → _____
- examénes → _____
- campeónes → _____
- desconchón → _____

4. En las siguientes oraciones hay una palabra que aparece dos veces, pero en una ocasión le falta tilde. Colócala donde corresponda y copia el significado de cada palabra. Si lo necesitas, puedes usar un diccionario: **Corrige**

- La soprano canto un canto típico de su tierra.
  _____

- Ninguno de nosotros oso acercarse al oso.
  _____

- Llegué tarde a la cita con Marina, pero no tarde tanto como ella.
  _____

- El bebe bebe leche de un biberón.
  _____

- Yo no domino el domino; es un juego que nunca he sabido entender.
  _____

- Al revolver los cajones de la casa de mis tíos, encontré un revolver sin balas.
  _____

- Para manipular alimentos como la carne, te hace falta un carne.
  _____

2 La acentuación en los diptongos, triptongos e hiatos

> Hablamos de **diptongo** cuando en una sílaba aparecen juntas dos vocales: una abierta (a, e, o) y otra cerrada (i, u), o dos cerradas diferentes (i, u). En un **triptongo** se unen una vocal abierta y dos cerradas. En cambio, en el **hiato** aparecen juntas dos vocales, pero se pronuncian en sílabas distintas.
>
> **Reglas de acentuación de diptongos e hiatos**
>
> Las palabras que tienen diptongo siguen las reglas generales de acentuación.
>
> En el caso de los hiatos, pueden ocurrir dos cosas:
> - Si el hiato está formado por dos vocales abiertas, la palabra sigue las normas generales de acentuación: *cetáceo, aéreo, caos*.
> - Si el hiato está formado por una vocal cerrada y otra abierta (o viceversa), se pone tilde siempre en la vocal cerrada: *caída, búho*.

1. Clasifica las palabras siguientes según contengan diptongo o hiato:

pelea	aula	ciencia	demasiado	respuesta
paella	tenía	religioso	alegría	apaisado
caer	farmacéutico	ruido	pasión	estulticia

Con diptongo → _____

_____

Con hiato → _____

_____

2. Relaciona cada regla de acentuación con su ejemplo correspondiente:

Cuando el diptongo está formado por una vocal abierta y otra cerrada y, según las reglas de acentuación, deba colocarse tilde, la pondremos sobre la vocal abierta.	• •	veintiún
Cuando dos vocales cerradas integran un diptongo y las reglas de acentuación exigen usar la tilde, la colocamos sobre la segunda vocal.	• •	limpiéis
Dos vocales abiertas seguidas constituyen un hiato y forman parte de sílabas distintas, por lo que la tilde se colocará según las reglas de acentuación.	• •	raíz
En el hiato formado por una vocal cerrada tónica y una vocal abierta, se pone la tilde sobre la vocal cerrada siempre.	• •	murciélago
Cuando las reglas de acentuación exigen acentuar una sílaba con un triptongo, la tilde recae sobre la vocal abierta.	• •	rehén

3. Coloca la tilde donde sea necesario y, luego, separa las sílabas de cada palabra: **Corrige**

cien	relojeria	ruido	caotico	fatuo	leido
acentua	bacalao	sucedio	asiatico	baul	poetico
ciempies	heroismo	reir	reumatico	via	cientos

4. Explica si los términos que se citan contienen o no un triptongo:

- acariciáis → _____

- acudíais → _____

- contribuíamos → _____

- estudiéis → _____

- uruguayos → _____

- averiguáis → _____

5. Los monosílabos no llevan tilde (salvo el caso de la tilde diacrítica), ni siquiera si tienen un diptongo o un triptongo. Escribe oraciones con estas formas verbales:

- La segunda persona del plural del presente de subjuntivo del verbo *fiar*:
  _____

- La primera persona del singular del pretérito perfecto simple de indicativo del verbo *ir*:
  _____

- La tercera persona del singular del pretérito perfecto simple de indicativo del verbo *ver*:
  _____

3 La tilde diacrítica

> Se llama **tilde diacrítica** a la que se emplea para diferenciar pares de palabras que se escriben igual, pero tienen distinta función como *tu* (determinante) y *tú* (pronombre), *se* (pronombre) y *sé* (verbo), etc.
>
> Los **interrogativos** y **exclamativos** (*qué, quién, cuándo, cómo, dónde, cuál...*) se escriben siempre con tilde, aunque a veces no vayan entre signos de interrogación ni de exclamación. En este caso, el lenguaje coloquial puede ayudarte a distinguir cuándo deben llevarla. Prueba a incluir detrás de ellos la palabra *demonios*; si es posible ponerla, llevarán tilde: *No sé cuándo [demonios] acabaré el trabajo, Dime qué [demonios] te dijo tu profesor.*
>
> Estas palabras no llevan tilde si no tienen un valor interrogativo ni exclamativo: *Vinieron **cuando** acabó el teatro, Dijo **que** tenía sueño.*

1. En las siguientes oraciones, pon la tilde diacrítica en las palabras que la necesiten:

Corrige

- Ya se lo dije a tus hermanos; no se cuando terminaremos el trabajo.
- Cuando llegamos junto a el, le pude decir lo que pensaba.
- La orquesta desafinaba en el si, pero nadie protestaba.
- ¿Se lo queda para si, después del esfuerzo que supuso conseguirlo?
- Si te apetece podemos tomarnos un te calentito.
- Mi madre piensa mucho en mi.
- Iremos a esa fiesta aun sabiendo que tu no quieres venir.
- Aun no hemos resuelto el asunto del que hablamos ayer.
- Antonio quiere que le de un regalo de verdad.
- El no quiso comer mas paella, porque estaba lleno.

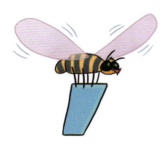

2. Busca en la siguiente sopa de monosílabos las palabras que pueden llevar tilde diacrítica y cópialas:

SOL	DI	DE	SI	LE
MI	SE	SON	EL	TE
TI	FUE	SU	MAS	VIO
ME	FE	VI	DA	VE
AUN	VA	DIO	TU	DOS

3. Escribe dos oraciones con cada una de las palabras que has encontrado en la sopa de la actividad 2. En una deberás emplear la palabra con tilde y en la otra la que no la lleva.

_____
_____
_____
_____
_____
_____
_____

4. Teniendo en cuenta las palabras que encontraste en la sopa, escribe la regla que nos sirve para usar la tilde diacrítica en cada una de ellas:

Palabra	Regla

5. Pon la tilde en los interrogativos y exclamativos en que sea necesaria:

Corrige

- ¿Quien ha sido el que ha ensuciado la mesa con un rotulador azul?
- ¡Que tonterías más grandes dice tu amigo Julián!
- Dime que vas a querer que te compre para tu cumpleaños.
- Me dijo Elvira: ¿cuando vas a tener tiempo para regar las plantas?
- No sé como voy a resolver el problema de matemáticas: es muy difícil.
- ¿Donde habrá metido tu hermano el chupete del niño?

4 El uso de las mayúsculas

Las **mayúsculas** se utilizan como letras iniciales en las palabras con las que **comienza un párrafo** o **detrás de un punto.**

Entre otros usos de las mayúsculas, es importante saber que siempre llevan mayúscula inicial los **nombres propios** de personas y lugares.

1. En la siguiente sopa de letras se han mezclado nueve nombres propios con seis nombres comunes. Búscalos y marca con rojo los propios y con azul los comunes:

O	V	I	G	S	S	V	U	E	C
J	P	A	R	I	S	H	B	U	R
Z	A	E	S	P	A	Ñ	A	R	X
M	Z	P	I	R	I	N	E	O	S
A	J	O	L	Z	Ñ	L	U	P	A
S	A	P	V	S	I	L	L	A	R
A	V	J	I	A	Q	U	O	N	A
P	I	L	A	H	U	R	N	A	K
O	E	V	T	I	L	U	I	S	A
F	R	G	T	O	L	E	D	O	G

2. Clasifica los nombres de la actividad anterior en la tabla. No olvides escribir con mayúscula inicial los nombres propios e incluirlos en el tipo al que corresponden (de persona o de lugar):

Nombres comunes	Nombres propios	
	De persona	*De lugar*

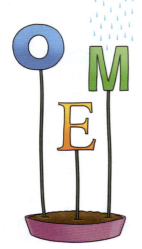

3. Algunas palabras pueden ser nombres propios y comunes, como *Tarifa* y *tarifa*. Busca tú dos parejas más y anótalas.

_____

4. Escribe mayúscula donde corresponda:

> dejó un momento el cuaderno sobre el asiento, y acercándose a la ventanilla, apoyó la frente sobre el cristal. la noche estaba serena; el cielo estrellado. corría el tren por tierra de ávila, sobre una meseta ancha y desierta. la tierra, representada por la región de sombra compacta, parecía desvanecerse allá a lo lejos, cuesta abajo. las estrellas caían como una cascada sobre el horizonte, que parecía haberse hundido. siempre que pasaba por allí nicolás se complacía en figurarse que volaba por el espacio, lejos de la tierra, y que veía estrellas del hemisferio austral a sus pies, allá abajo, allá abajo. «esta es la tierra de santa teresa» –pensó.
>
> y sintió el escalofrío que sentía siempre al pensar en algún santo místico. millares de estrellas titilaban.
>
> un gran astro cuya luz palpitaba se le antojaba paloma de fuego que batía muy lejos las luminosas alas, y del infinito venía hacia él, navegando por el negro espacio entre tantas islas brillantes. miraba a veces hacia el suelo y veía a la llama de los carbones encendidos que iba vomitando la locomotora, como huellas del diablo; veía una mancha brusca de una peña pelada y parda que pasaba rápida, cual arrojada al aire por la honda de algún gigante.
>
> Leopoldo ALAS, CLARÍN: *Superchería*.

5. A partir de los ejemplos que te ofrecemos, completa las reglas que los acompañan:

a) *La isla del tesoro, Cuento de Navidad, Viaje al centro de la Tierra*

- Se escribe con mayúscula la primera letra de los _____ de los libros.

b) Pedro I el Cruel, Isabel la Católica, Alfonso X el Sabio

- Llevan mayúscula inicial los _____ de personajes históricos.

c) *El Mundo, El País, La Razón, Fotogramas*

- Los nombres de _____ se escriben con mayúscula inicial.

d) calle de Alcalá, plaza de Cataluña, cuesta de la Culebra, travesía de las Fuentes

- Se pone mayúscula en los nombres de _____ de pueblos y ciudades.

e) el señor Jiménez, la señora López, los Sánchez

- Llevan mayúscula inicial los _____ de las personas.

f) Ra, Júpiter, Dios, Alá, Afrodita

- Se pone mayúscula inicial en los nombres de _____.

g) miércoles, sábado, lunes, octubre, marzo, abril

- Los meses y los días de la semana se escriben con _____.

5 El uso de la *b* y la *v*

Las letras **b** y **v** representan el mismo sonido, por lo que no es fácil distinguir cuándo debe escribirse una y cuándo la otra. A continuación, vas a deducir algunas de las normas que regulan su uso.

1. Ordena las sílabas de los siguientes revoltigramas de manera que formes palabras con ellas. Luego, resuelve las tareas:

TRUIROBS → _____   SIPOBLE → _____

CARDIAB → _____   BREPOZA → _____

VIOOB → _____   TEBICABLIO → _____

- ¿De qué tipo de letras va seguida la letra *b* en las palabras resultantes, vocales o consonantes?
  _____

- Completa ahora esta regla del uso de la letra *b*:

  Se escribe *b* y no *v* cuando la letra que sigue en la palabra es una _____.

2. Completa las oraciones con *b* o con *v*.

a) Ayer se produjo una e__asión de presos en la cárcel.

b) No pudimos e__itar que nos vieran, aunque nos escondimos.

c) La sociedad ha e__olucionado mucho en los últimos años.

d) Mañana tendrá lugar el e__ento que estábamos esperando.

- Completa ahora la norma:

  Se escriben con *v* las palabras que empiezan por __, __, __ y __.

3. Los intrusos son la excepción. Localízalos y completa la regla:

amabilidad   respetabilidad   posibilidad

honorabilidad   responsabilidad

movilidad   habilidad   civilidad

disponibilidad   sociabilidad

Las palabras que acaban en _____ se escriben con _____, excepto _____ y _____.

4. Ha explotado un párrafo y se han dispersado las sílabas de nueve palabras. Reconstrúyelas teniendo en cuenta que todas pertenecen a la misma categoría gramatical y terminan con alguna de las tres sílabas del recuadro:

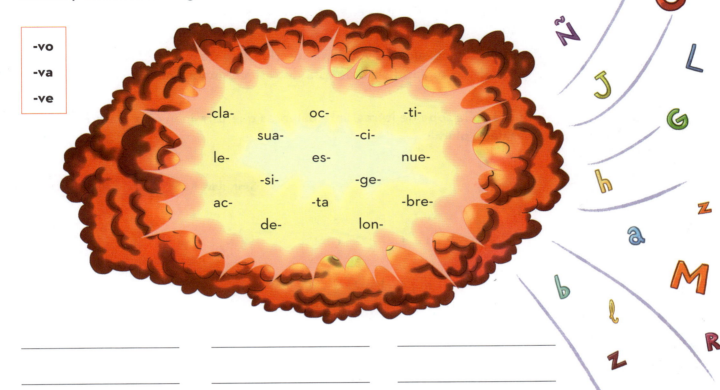

-vo
-va
-ve

-cla- oc- -ti-
sua- -ci-
le- es- nue-
-si- -ge-
ac- -ta -bre-
de- lon-

_____   _____   _____

_____   _____   _____

_____   _____   _____

5. Indica a qué categoría gramatical pertenecen las palabras de la actividad 4.

_____

- Completa ahora la regla:

  Los _____ que terminan en ___, ___ y ___ se escriben con ___.

6. Completa con *b* o con *v* las palabras de las siguientes oraciones:
- Me quedé sin sali__a de tanto ha__lar en la reunión de __ecinos.
- El ca__allo ca__alga__a __elozmente so__re la hier__a del hipódromo.
- Estos li__ros son __iejos y, por eso, tienen un gran __alor.
- El__ira y yo __imos una __í__ora reptando rápida por el patio.
- Camina__an con lentitud, como si tu__ieran encima todo el cansancio del mundo.
- La __illa de Madrid es una ciudad en la que __i__en muchas personas.
- Ya no ca__e ni un documento más en los anaqueles del archi__o pro__incial.
- Andu__imos dando __ueltas toda la tarde, como si fuéramos __aga__undos.

13

6 El uso de la c y la z

Las letras **c** y **z** representan, a veces, el mismo sonido, por lo que es preciso distinguir su uso.

Por ejemplo, ante algunas vocales se escribe c y ante otras z. Vamos a deducir aquí algunas de las reglas de uso de estas letras más importantes.

1. Busca en la sopa de letras siete palabras que terminen en z y escríbelas. Luego, pásalas a plural:

Singular	Plural

- Completa ahora la regla:

  Las palabras que en singular terminan en -z se escriben en plural con __.

2. Lee en voz alta las palabras que componen los ladrillos del siguiente muro.

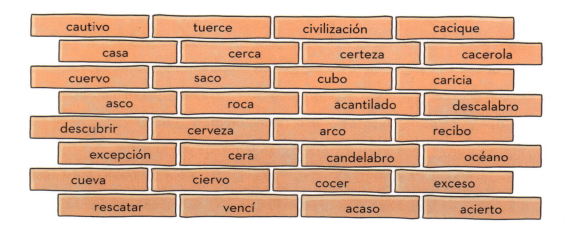

- ¿Qué letras van detrás de la c cuando esta suena igual que la z?

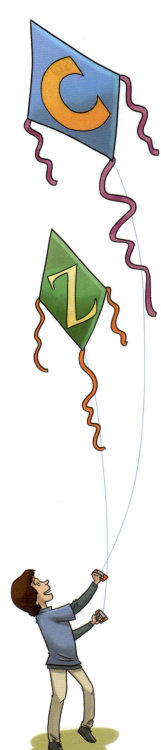

3. Fíjate ahora en las palabras que hay en el interior del siguiente cuadro y resuelve las cuestiones:

zapato	razonar	zoquete
riqueza	zanahoria	zurrar
zascandil	zumo	zarpa
buzo	cazo	zancadilla
zócalo	gazuza	sazonar
corteza	rezar	rezumar
zurrón	zarzuela	hazaña

- ¿Qué vocales aparecen siempre detrás de la letra *z*?

  _____

- Completa ahora la regla:

  Se escribe c ante las vocales __, __. Se escribe z ante __, __ y __.

4. Completa las palabras de las siguientes oraciones con c o con z:

- Tuve la __erte__a de que me daría otra ve__ las mismas recomenda__iones.

- Pasó como en algunos cuentos: fuimos feli__es y comimos perdi__es.

- Empie__a la ac__ión: cada ve__ que suene el silbato debéis comen__ar una nueva actividad.

- Se pusieron a re__ar a sus dioses porque recono__ieron que habían perturbado la pa__ de sus ve__inos.

- Te has convertido en el ha__merreír de toda la clase, con tu cabe__onería y tu to__ude__.

- Cultivamos calaba__as, __ebollas, puerros y __anahorias para poder luego __elebrar la gran fiesta de las hotali__as.

- Ese estable__imiento lleva abierto al público desde ha__e más de __ien años.

- Esta ve__ no tendremos pere__a a la hora de obede__er todas las normas que habéis de__idido.

5. Ahora que has resuelto las actividades anteriores, indica cuál de las dos letras, c o z, crees que se debe escribir al final de sílaba y pon algunos ejemplos.

_____

_____

7 El uso de la *g* y la *j*

La grafía **g** sirve para representar dos fonemas distintos: el oclusivo velar sonoro /g/ y el fricativo velar sordo /x/. Seguido de las vocales e, i, representa al segundo fonema y, en ese caso, puede confundirse con la grafía **j.**

1. En algunas palabras en que la *g* va seguida de los diptongos *-ue* y *-ui*, se exige el uso de la diéresis sobre la *u*. Corrige las erratas que se dan, a continuación, en el empleo de *gue*, *gui*, *güe* y *güi*. Luego completa la regla:

Corrige

guisante → _____   ambiguedad → _____   mangüera → _____

linguista → _____   güinda → _____   piragüista → _____

unguento → _____   desague → _____   guitarra → _____

• Se usa la diéresis cuando la _____ debe _____.

2. Se emplea la grafía *g* en los verbos terminados en *-gerar*, *-igerar*, *-ger* y *-gir*. Pero algunos parecen apartarse de esta regla en ciertos tiempos verbales y en determinada persona gramatical. Conjuga estos tiempos de los verbos *escoger* y *elegir*, y concreta en qué casos se produce la excepción:

	Presente de indicativo	Pretérito perfecto simple de indicativo	Presente de subjuntivo
escoger			
elegir			

• Se usa la *j* en estos verbos con la _____ persona del _____, porque va delante de las vocales ____ y ____.

3. Une con una flecha las palabras de la columna de la izquierda, terminadas en *-gia* y *-gio*, con su correspondiente definición:

magia •	•	Establecimiento de enseñanza.
naufragio •	•	Industria dedicada al tratamiento de los metales.
hemorragia •	•	Arte o ciencia que puede alterar las leyes naturales.
prestigio •	•	Huella, rastro o ruina que se conserva de algo pasado.
colegio •	•	Hundimiento de una embarcación.
estrategia •	•	Pérdida de sangre por rotura de los vasos sanguíneos.
vestigio •	•	Fama, reputación.
metalurgia •	•	Técnica destinada a conseguir un objetivo.

4. Completa las oraciones con las palabras que se enumeran a continuación. Fíjate que en ellas aparecen las secuencias *gen*, *gest* o *inge* en cualquier posición:

vigente	geniales	congestión	gestos	ingenuo
gentilicio	genovés	laringe	gendarme	generación

- Se dice que el _____ de Colón era el _____.

- Una inflamación de _____ le provocó una terrible _____.

- El _____ era demasiado _____ para detener a los ladrones.

- La ropa de la _____ de mi padre todavía sigue _____.

- Los _____ del actor resultaron _____.

5. Descubre las palabras que responden a las definiciones siguientes y clasifícalas:

1. Impuesto que debe pagarse para circular por las autopistas. 2. Abertura u orificio en una superficie. 3. Esfuerzo físico para mantenerse sano y en forma. 4. Conjunto de vendas. 5. Aviso o comunicación que se transmite de forma oral o escrita. 6. Conjunto de tropas militares a las órdenes de un mando. 7. Persona que fabrica o repara llaves y cerraduras. 8. Sucesión continuada de olas. 9. Sustantivo derivado del verbo *ejecutar*. 10. Quien repara los relojes. 11. Acción de viajar.

- **Empiezan por *eje-* →** _____

- **Terminan en *-aje* →** _____

- **Terminan en *-jero* →** _____

6. Utiliza *g* o *j* donde corresponda para completar las palabras:

conser__e	__eringuilla	espe__o	in__enio	corre__ir	e__emplo
ve__etal	__erundio	__eología	homena__e	di__eron	exa__eré

8 El uso de la *h*

> La **h** es la única letra del abecedario a la que no le corresponde ningún sonido. Por eso, en ocasiones dudamos de la necesidad de su uso.

1. Observa que las siguientes palabras contienen una *h-* inicial seguida por diptongos. Prueba a enunciar una regla ortográfica:

hiato	hielo	hierba	hueso	huestes
huella	huérfano	huida	huelga	hiena

- A principio de palabra, se emplea la *h* cuando _____

_____.

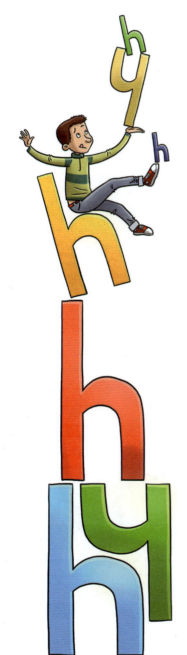

2. Resuelve el crucigrama:

Verticales: 1. País europeo que forma parte de los Países Bajos. 2. Que tiene vacío el interior. 3. Capa que se forma sobre la materia en descomposición. 4. Economizar, guardar el dinero. 5. Flor blanca del naranjo o del limonero. 6. Al revés, las bebidas y licores lo contienen al ser destilados. 7. Deseo. 8. En este momento. **Horizontales:** A. Moretón que se forma por un derrame. B. Persona ajusticiada en la horca. C. Tercera persona del singular del futuro de indicativo del verbo *haber*. D. Vuelto a hacer.

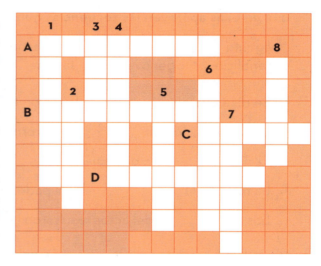

3. Algunas palabras castellanas se han formado con prefijos de origen clásico. Añádele al lexema el prefijo correspondiente del cuadro para formar las palabras definidas:

hiper-	homo-	hidro-	hemi-	hecto-	hipo-

- Parálisis de un lado del cuerpo humano → _____plejia.
- Palabras que se escriben igual, pero tienen distinto significado → _____grafas.
- Medida equivalente a cien metros → _____metro.
- Que está debajo de la piel → _____dérmico.
- Crítica exagerada → _____crítica.
- Rama de la ciencia que se ocupa del estudio de las aguas → _____logía.

4. El empleo de la *h* provoca confusiones, especialmente en las palabras homófonas (aquellas que se escriben casi igual pero cuya pronunciación es totalmente idéntica). Coloca correctamente cada uno de los términos de las parejas siguientes al lado de su definición:

hojear/ojear

• Mirar rápida y superficialmente → _____

• Pasar las hojas de un libro → _____

haya/aya

• Árbol; forma del verbo *haber* → _____

• Persona encargada de criar a los niños → _____

hay/ay/ahí

• Interjección que expresa dolor → _____

• Adverbio de lugar → _____

• Presente del verbo *haber* → _____

hizo/izo

• Subo la bandera tirando de la cuerda → _____

• Pretérito perfecto simple del verbo *hacer* → _____

hecho/echo

• Participio del verbo *hacer* → _____

• Arrojo, lanzo algo → _____

habría/abría

• Condicional del verbo *abrir* → _____

• Condicional del verbo *haber* → _____

5. Relaciona los sustantivos que aquí se enumeran con su verbo correspondiente:

Ejemplo: curación > curar.

• hospedaje > _____

• herencia > _____

• humillación > _____

• humo > _____

• humanidad > _____

• exhibición > _____

• deshonra > _____

• hallazgo > _____

• exhalación > _____

• deshielo > _____

9 El uso de la *ll* y la *y*

El dígrafo **ll** y la grafía **y** corresponden a dos fonemas distintos: respectivamente, /ll/ e /y/. Sin embargo, se ha extendido tanto el fenómeno del **yeísmo** o pronunciación de *ll* como *y* que apenas es posible distinguir entre los dos fonemas en la lengua oral.

1. En estas series de palabras se ha colado una que no sigue la misma regla ortográfica que las demás. Rodéala y define la regla que está incumpliendo:

a) colmillo, vainilla, bombilla, desayuno, membrillo

• Se escriben con ___ las palabras terminadas en ___ y en ___.

b) llavero, proyecto, yerro, trayectoria, yerto

• Se escriben con ___ las palabras que contienen las sílabas ___ y ___.

c) oyen, destruyó, cayera, callase, poseyó

• Se escriben con ___ las formas ___ cuyo infinitivo no lleva ni y ni ___.

d) calle, huella, lacayo, fuelle, camello

• Se escriben con ___ las palabras con las terminaciones ___, ___, ___ y ___.

2. Incorpora a la tela de araña las palabras cuya definición te ofrecemos. Coloca una sílaba en cada hueco. Todas terminan en *-illo*:

1. Construcción defensiva típica de la Edad Media. 2. Pieza de barro cocido rectangular que sirve para construir una pared. 3. Pieza de paso, larga y estrecha, de cualquier edificio. 4. Sinónimo de *fácil*. 5. Planta muy olorosa cuyas flores pueden usarse como condimento o como remedio estomacal. 6. Niño que ayuda al sacerdote en la celebración de la misa y en otros oficios religiosos. 7. Sinónimo de *líder, jefe*. 8. Está en los pantalones, en los bolsos y en las mochilas. 9. Aro que se coloca en los dedos de la mano.

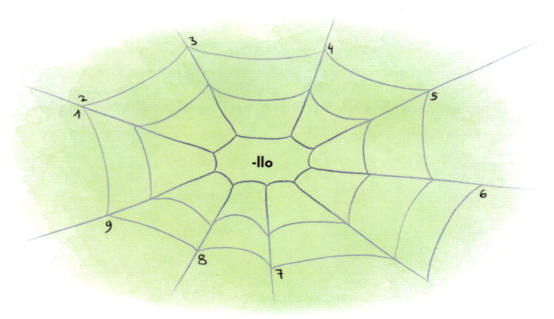

3. Al resolver los siguientes revoltigramas, descubrirás que la *ll* es un dígrafo (combinación de dos letras que representan un mismo fonema) que suele integrar un sufijo diminutivo. Anota en cada caso la palabra primitiva que se ha derivado:

   • ARVLLAI: _ _ _ _ LL _ → _____

   • QUACHEILLAT: CH _ _ _ _ _ _ LL _ → _____

   • LLOHIRNO: _ _ _ _ _ LL _ → _____

   • EIPPLLONI: P _ _ _ _ _ LL _ → _____

   • YEBULLOCIE: B _ _ _ _ _ _ LL _ → _____

4. **Completa con *ll* o con *y*:**

   • La hermosa donce__a __evaba muchas jo__as en la mano derecha.
   • Los turistas __acen tendidos durante horas en la ori__a de la pla__a.
   • El caba__ero recorrió la __anura con un __elmo de plata.
   • La herida le produjo una __aga enorme a la altura de las costi__as.
   • Entre los ingredientes del pastel había __ogur y __ema de huevo.
   • Sentado en el tresi__o __amaba a su laca__o con una campani__a.
   • Varios pro__ectiles impactaron en la mura__a.
   • Apo__amos la propuesta de Sora__a sin que se o__era un murmu__o.
   • A tu toca__o le ca__ó una esca__ola de __eso en la cabeza.
   • Para el ensa__o necesitaron un cuchi__o, algunos capu__os y muchas be__otas.

5. La letra *y* puede aparecer, con valor vocálico, a final de palabra formando diptongo con la vocal precedente. Coloca en el recuadro de abajo las palabras de la serie según la categoría gramatical a la que pertenezcan. Si es posible, añade otras palabras de la misma clase en la columna de la derecha:

| Eloy | hoy | hay | ¡guay! | voy |
| Alcoy | ley | ¡ay! | doy | ¡caray! |

Categoría gramatical		Ejemplos	Otras palabras terminadas en -y
Verbo			
Sustantivo	común		
	propio		
Adverbio			
Interjección			

21

10 El uso de la *r* y la *rr*

Las letras **r** y **rr** se emplean para diferenciar el sonido **vibrante simple** (*cara, cuerpo*) del **vibrante múltiple** (*corro, rata*). Como ves, este último sonido puede representarse tanto con una *r* como con el dígrafo *rr*.

1. **Divide en sílabas las palabras siguientes. A continuación, resuelve las tareas:**

   - enredar → _____
   - honra → _____
   - subrayar → _____
   - Enrique → _____
   - alrededor → _____
   - Israel → _____

   a) ¿Cómo se pronuncia la *r* de las sílabas intermedias, como vibrante simple o como vibrante múltiple?
   _____

   b) ¿Qué tipo de letra, vocal o consonante, hay al final de la sílaba anterior a la que comienza con *r*?
   _____

   c) Deduce y completa la regla:

   Se escribe una sola *r* cuando la letra anterior es una _____ y la *r* se pronuncia como vibrante _____.

2. **Completa las palabras de las siguientes oraciones con *r* o *rr*:**

   - Se pusie__on a canta__ unas canciones ho__ibles que habían ap__endido en sus vacaciones de ve__ano.
   - La __esponsabilidad de tus he__manos no es ot__a que la de __ecoge__ ca__itos del supe__me__cado cuando se ha fo__mado una fila muy la__ga.

3. **Forma palabras combinando los prefijos o lexemas de la primera casilla de la tabla con las palabras de la segunda y completa la regla:**

pre	renal	
extra	rector	
supra	romano	
vice	radio	

   Cuando una palabra que comienza con *r* recibe un prefijo o un lexema, la palabra resultante debe escribirse con __.

4. En las siguientes oraciones se han colado palabras con más erres de las debidas (¡o con menos!). Encuéntralas y escríbelas correctamente:

Corrige

- En Manresa hemos comprado almendras garapiñadas.
  _____

- Alicia se sonrrojó cuando la descubrieron copiando en el examen.
  _____

- La bandera de Isrrael es blanca y azul, no roja.
  _____

- El pararayos de la torre está torcido.
  _____

- El enrrejado de la fachada es morrado.
  _____

- Se estropeó el cerojo y la puerta se quedó abierta.
  _____

- Antonio vive en Taragona, muy cerca de la estación del tren.
  _____

- Visitamos una iglesia prerománica en un pueblo de la rruta jacobea.
  _____

5. Coloca en el crucigrama el nombre de los objetos que aparecen en las ilustraciones:

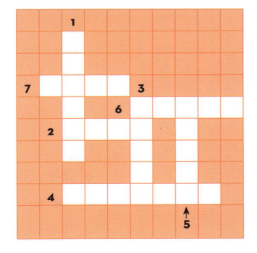

11 El uso de la x y la s

> La letra **x** puede representar dos sonidos distintos según la posición que ocupe en la palabra. Si aparece al principio, representa el fonema /s/: en *xilófono* pronunciamos [silófono]. Sin embargo, entre vocales o al final de palabra, representa la secuencia de fonemas /k/ + /s/. Así, *examen*, se pronuncia [eksámen].

1. Escribe en las columnas los verbos o sustantivos que corresponda y completa la regla sobre el uso de la letra *x*:

Verbo	Sustantivo	Verbo	Sustantivo
explotar		reflexionar	
conectar			exploración
	anexión	explicar	
	expresión		flexión

Se escribe x en las palabras que empiezan por la sílaba ___ seguida de los grupos consonánticos ___ y ___, y las que tienen la terminación ___.

2. Con el prefijo ex- se crean nuevos términos derivados. Forma verbos y adjetivos a partir de las palabras propuestas. Luego, escribe una oración con cada uno de los nuevos vocablos:

Ejemplo: *tender > extender > extenso. Aquel páramo era muy extenso.*

- cavar > _____ > _____ . _____
- portar > _____ > _____ . _____
- traer > _____ > _____ . _____
- clamar > _____ > _____ . _____
- culpar > _____ > _____ . _____
- poner > _____ > _____ . _____

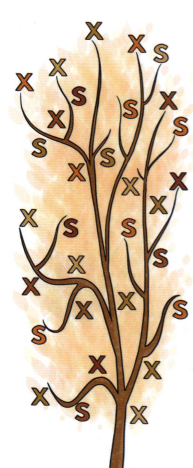

3. Completa los espacios en blanco con s o con x:

e__cultura	e__agerado	e__perto	asfi__ia	e__pléndido
e__tracción	e__clavo	e__orcismo	e__pectativa	e__pectador
e__tricto	e__haustivo	au__ilio	ta__i	e__tremecer
e__tranjero	e__tremo	e__peculación	e__periencia	e__pabilar

24

4. Encuentra en la telaraña estas siete palabras que empiezan por el prefijo extra-:

1. Perder el camino. 2. A las afueras de la ciudad. 3. Propasarse, ir más allá de lo permitido. 4. Excepcional, asombroso. 5. Criatura que procede del espacio exterior. 6. Muy delgado. 7. No oficial.

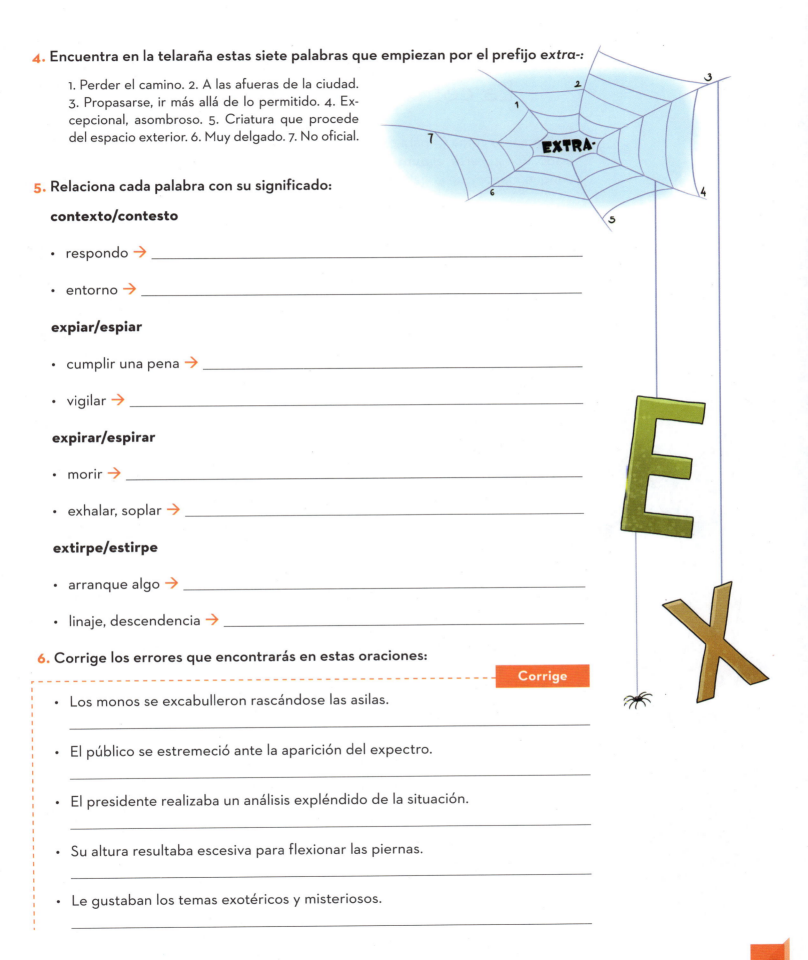

5. Relaciona cada palabra con su significado:

contexto/contesto

- respondo → _____
- entorno → _____

expiar/espiar

- cumplir una pena → _____
- vigilar → _____

expirar/espirar

- morir → _____
- exhalar, soplar → _____

extirpe/estirpe

- arranque algo → _____
- linaje, descendencia → _____

6. Corrige los errores que encontrarás en estas oraciones:

- Los monos se excabulleron rascándose las asilas.
  _____
- El público se estremeció ante la aparición del expectro.
  _____
- El presidente realizaba un análisis expléndido de la situación.
  _____
- Su altura resultaba escesiva para flexionar las piernas.
  _____
- Le gustaban los temas exotéricos y misteriosos.
  _____

12 El uso de los signos de puntuación. La coma y el punto y coma

Utilizamos la **coma (,)** para expresar una **pausa breve** que se produce en un enunciado. Por su parte, el **punto y coma (;)** representa una **pausa un poco más larga**, aunque menor que la del punto.

1. Añade coma o punto y coma donde sea necesario:

Corrige

Según parece los seres humanos se dividen entre otras categorías en ricos y pobres. Es esta una división a la que ellos conceden gran importancia sin que se sepa por qué. La diferencia fundamental entre los ricos y los pobres parece ser esta: los ricos allí donde van no pagan por más que adquieran o consuman lo que se les antoje. Los pobres en cambio pagan hasta por sudar. La exención de que gozan los ricos puede venirles de antiguo o haber sido obtenida recientemente o ser transitoria o ser fingida en resumidas cuentas lo mismo da.

Eduardo MENDOZA: *Sin noticias de Gurb.*

2. Observa los ejemplos y completa luego las reglas correspondientes:

a) Aún les quedaban muchas cosas por hacer: poner la lavadora, vaciar el lavavajillas, planchar la ropa, preparar la comida y recoger los juguetes de los niños.

- Se separan con coma los elementos que componen una _____.

b) No te olvides, cariño, de esperarme.

- Se separan con coma los vocativos, que se usan para _____.

c) Las niñas jugaban al parchís; los niños, a la oca.

- Se pone coma cuando se suprime un _____ que se da por entendido.

3. En una enumeración con construcciones que, a su vez, incluyen comas, debemos separar sus elementos con punto y coma. Mira el ejemplo y pon tú luego punto y coma en las oraciones que te proponemos.

Ejemplo: *Distribuyamos el trabajo: vosotros dos buscaréis un poco de leña, a ser posible ramas pequeñas; Ángela y Roberto limpiarán la chimenea, que lleva tiempo sin usarse; Enrique encenderá el fuego; y yo preparé unos cafés calentitos.*

Corrige

- Pintaremos las habitaciones de colores variados: la cocina de azul el pasillo de verde el salón de amarillo y el baño de blanco.

- Nos gustaba pasear por el parque tranquilamente recorrer las avenidas flanqueadas por álamos tan agradables detenernos en el estanque de los patos recreándonos en sus movimientos sentarnos en un banco al fresco de la tarde.

4. **También usamos el punto y coma para separar oraciones independientes entre las que hay alguna relación de significado. Fíjate en el ejemplo y pon tú luego punto y coma en las oraciones que te ofrecemos.**

Ejemplo: *El escritor recreó en sus novelas toda la sociedad de su tiempo; su obra es un fiel reflejo de la vida de entonces.*

Corrige

- A las seis de la tarde casi no entra luz por las ventanas la tarde cae muy pronto al final del otoño.
- Marisa se pasó varias horas probándose ropa en todos los comercios para ir con ella de compras hay que tener mucha paciencia.
- Ya no quedaba mucho tiempo para las vacaciones no sería muy pesado esperar el feliz momento.
- Basilio se suele acostar tarde todos los días a las cuatro de la mañana te lo puedes encontrar leyendo en su habitación.

5. **Sustituye la coma por un punto y coma cuando sea preciso:**

Corrige

- No nos gustan mucho los toros, la verdad, preferimos ir al cine.
- Tengo poco sueño, no te creas, he dormido por lo menos doce horas esta noche.
- Tú tienes la última palabra, por mí podemos quedarnos a cenar.

6. **La coma se usa para separar explicaciones, incisos o detalles secundarios. Observa los ejemplos y pon tú las comas necesarias en las siguientes oraciones:**

Ejemplos: *Tu comportamiento, la verdad, ha sido bastante malo; Las mañanas, cuando son soledadas, invitan al paseo.*

Corrige

- La novia de Santiago esa chica pelirroja tan guapa es juez de la Audiencia Nacional.
- Mira a ver si Julián con esa tranquilidad que le caracteriza ha sido capaz de hacer su cama.
- Joaquín el maestro ejemplar que lo da todo por sus alumnos siempre tiene tiempo para estar con los amigos.

7. **No debe ponerse nunca una coma entre el sujeto y el predicado. Corrige las oraciones siguientes cuando se dé este caso:**

Corrige

- La gata, se enreda entre mis pies cuando hablo por teléfono.
- Tres autobuses llenos de gente, pasaron de largo por la parada.
- La verdad es que yo, prefiero no decir nada sobre este asunto.

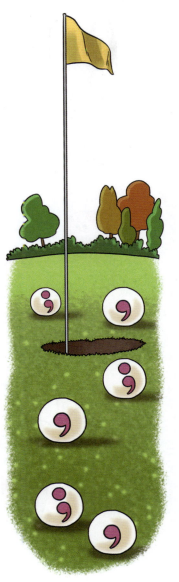

13 El uso de los signos de puntuación. El punto, los dos puntos y los puntos suspensivos. La exclamación y la interrogación

> Mediante el **punto y seguido** separamos oraciones o periodos con sentido completo. En cambio, el **punto y aparte** se emplea para cambiar de tema o asunto en un texto. Entonces debemos cambiar de párrafo.
>
> Si los **puntos suspensivos** cierran una oración u enunciado, la palabra siguiente se escribirá con mayúscula inicial. En caso contrario, se escribirá con minúscula.
>
> Los **signos de interrogación y de exclamación** enmarcan oraciones interrogativas directas y exclamativas. En español, deben escribirse el signo de apertura y el de cierre.

1. Sustituye en este fragmento las comas por puntos donde sea necesario. Recuerda usar la mayúscula después de cada punto.

Corrige

Daniel, el Mochuelo, agazapado contra el suelo, espiaba las conversaciones desde allí, era en él una costumbre, con el murmullo de las conversaciones, ascendía del piso bajo el agrio olor de la cuajada y las esterillas sucias, le placía aquel olor a leche fermentada, punzante y casi humano, su padre se recostaba en el entremijo aquella noche, mientras su madre recogía los restos de la cena, hacía ya casi seis años que Daniel, el Mochuelo, sorprendiera esta escena, pero estaba tan sólidamente vinculada a su vida que la recordaba ahora con todos los pormenores.

Miguel Delibes: *El camino*.

2. Escribe un ejemplo para cada regla de uso de los dos puntos:

- Se escriben dos puntos en escritos de tipo administrativo, tras verbos como *certifico, expongo*.

- Se escriben dos puntos tras las fórmulas de saludo de las cartas.

- Se escriben dos puntos antes de una enumeración previamente anunciada.

- Se escriben dos puntos antes de las citas textuales.

- Se escriben dos puntos para separar proposiciones.

3. Relaciona cada uso de los puntos suspensivos con su ejemplo correspondiente:

Para dejar en suspenso el enunciado por cualquier motivo.	• •	La cesta contenía peras, limones…
En refranes que omiten parte de su contenido porque es sobradamente conocido.	• •	Quizá… si pudiera, pero…
En enumeraciones incompletas, con el mismo valor de la palabra *etcétera*.	• •	Fue una experiencia terrible… Mejor olvidarla.
Para darle más emoción a un contenido.	• •	Dime con quién andas…
Para expresar estados anímicos de duda, temor o sorpresa.	• •	Y entonces… llegó ella con su rostro angelical.

4. Transforma estas oraciones enunciativas en interrogativas y exclamativas:

Enunciativa → El agua se congela a la temperatura de 0º C.

Interrogativa → _____

Exclamativa → _____

Enunciativa → Le gusta leer novelas de terror.

Interrogativa → _____

Exclamativa → _____

Enunciativa → Los resultados de la prueba fueron decepcionantes.

Interrogativa → _____

Exclamativa → _____

5. Detrás de los signos de interrogación y de exclamación nunca se escribe punto y seguido. En cambio, sí que pueden ir precedidos o seguidos por la coma, el punto y coma, los dos puntos y los puntos suspensivos. En las siguientes oraciones, utiliza dichos signos cuando sea necesario.

Corrige

- Va a decirme a mí lo que es un hijo A mí Usted perdió una: santo y bueno Yo perdí a los siete el mismo día

- Y, tú, dime: dónde escondiste las semillas

- Si mis hijos no me hacen caso quién me lo hará

- Señorías, esto no puede continuar así

14 El uso de los signos de puntuación. La raya, el paréntesis y las comillas

> La **raya** (—) es un signo que no debe ser confundido con el **guion** (-). Con este último dividimos una palabra a final de línea, cuando no hay suficiente espacio, o unimos palabras independientes *(hispano-alemán, lectura-escritura)*.
>
> Los **paréntesis** y las **comillas** son signos dobles que deben abrirse y cerrarse siempre.

1. Observa con atención dónde se coloca la raya en este diálogo, perteneciente a *Un viejo que leía novelas de amor,* y elige la regla correcta.

> Antonio José Bolívar Proaño leía novelas de amor, y en cada uno de sus viajes el dentista le proveía de lectura.
> —¿Son tristes? —preguntaba el viejo.
> —Para llorar a mares —aseguraba el dentista.
> —¿Con gentes que se aman de veras?
>
> Luis Sepúlveda

a) La raya se emplea en los diálogos solo para marcar que empieza a hablar un personaje.

b) La raya se emplea en los diálogos para marcar que empieza a hablar un personaje y para señalar los incisos del narrador.

c) La raya se emplea en los diálogos cada vez que hay un cambio de párrafo.

2. Incorpora la raya o el guion en este fragmento de *La casa de los espíritus*, de Isabel Allende:

> _En ese aguardiente había suficiente_ veneno como para reventar a un toro _le dijo a boca de jarro_. Pero para es_ tar seguro de que eso fue lo que mató a la niña, tengo que hacer una autopsia.
> _¿Quiere decir que la va a abrir? _gi_ mió Severo_.
> _No completamente. La cabeza no se la voy a tocar, solo el sistema digesti_ vo_ _explicó el doctor Cuevas_.

3. Lee las reglas de uso de los paréntesis y colócalos en el ejemplo correspondiente:

Corrige

a) Introducen una información adicional o aclaratoria.

- Cuando empezó a sudar dentro de aquel traje hacía un día seco y caluroso, decidió que el asunto no era tan importante.

b) Sirven para insertar fechas y lugares, ofrecer datos numéricos aclaratorios o explicaciones de abreviaturas.

- Félix Lope de Vega y Carpio 1562-1635 fue un famoso escritor del Siglo de Oro.

c) Delimitan, en una obra teatral, las acotaciones, notas en cursiva con las que el autor informa sobre el escenario, la acción o el movimiento de los personajes.

- BERNARDA. Dando un golpe de bastón en el suelo. ¡Alabado sea Dios!

4. **Incorpora a las oraciones las siguientes secuencias entre paréntesis:**

- (Voceando desde la puerta).
- (¡ha vendido tres millones de ejemplares!)
- (Organización de los Estados Americanos)
- (Francia)
- (30 m²)
- (2010)

a) La selección española de fútbol ha ganado el mundial en una ocasión.
_____

b) El éxito de la novela ha sido impresionante.
_____

c) La Asamblea General de la OEA ha tenido lugar en México D. F.
_____

d) BOTONES. ¡Bombones y caramelos! ¡Tengo pralinés!
_____

e) El congreso se celebrará en la localidad de Toulouse.
_____

f) La piscina municipal tiene un tamaño ridículo.
_____

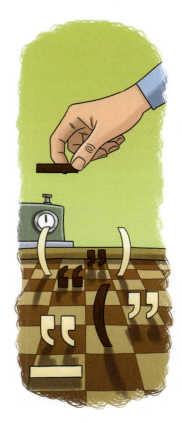

5. **¿En cuál de las oraciones anteriores es posible sustituir los paréntesis por la raya? Realiza la sustitución:**
_____

6. **A continuación se detallan algunas de las funciones de las comillas. Relaciona cada explicación con su ejemplo:**

Las comillas se usan para reproducir una cita textual o los pensamientos de los personajes.	El relato «El corazón delator» figura en las *Obras completas* de Edgar Allan Poe.
	«Ahora podré conseguirlo», imaginó el atleta.
Las comillas destacan palabras procedentes de otras lenguas, términos vulgares o usados con un sentido especial.	Te recomiendo la lectura de «Pedagogía contra la crueldad», en *La Vanguardia*.
	«El ignorante afirma, el sabio duda y reflexiona», dijo Aristóteles.
Las comillas se emplean para citar el título de capítulos de un libro, artículos de un periódico, cuentos o poemas que forman parte de una obra más extensa.	Con tanto desempleo el futuro resulta «prometedor».
	La palabra «mentecato» significa *privado de juicio*.

31

15 El uso de la cursiva, las abreviaturas y los símbolos

> Básicamente, la función de la **cursiva** es la de destacar una palabra o sintagma. Sin embargo, como las normas que regulan su empleo no son ortográficas, los criterios que se exponen a continuación son orientativos.

> En las redes sociales es cada vez más frecuente la tendencia a abreviar las palabras por razones de economía. Pero sabrás que existen unas **abreviaturas** convencionales, que son empleadas por la mayoría de hablantes de una lengua de modo que todo el mundo puede reconocerlas.
>
> Los **símbolos** no son abreviaturas, sino representaciones de conceptos mediante letras. A diferencia de las abreviaturas, se escriben sin punto al final y tienen un valor internacional.

1. En las siguientes oraciones aparece algún término en cursiva. Sitúalos como ejemplo en el cuadro que contiene la recomendación correspondiente sobre su empleo:

- Aparcamos con gran dificultad en el *parking*.
- Regresó del viaje más *chupao* que nunca.
- Ya sé que mi madre se compró la novela *Crimen y castigo*.
- Un *lebrato* es una cría de liebre.
- **anticuado.** *adj.* Que es propio de otra época. *Vestía un traje anticuado*.
- Luis. *(Sentándose en el sofá)*. ¿Qué noticias traerá hoy la prensa?
- Antonio vino a enseñarnos las *afotos*.

Se utiliza para:	Ejemplo
Indicar que un término es incorrecto o que una expresión es coloquial.	
Enfatizar una palabra o expresión.	
Identificar las acotaciones que aparecen en un texto teatral.	
Destacar palabras procedentes de otras lenguas.	
Identificar títulos de libros, programas de televisión, álbumes musicales, películas.	
Referirse a conceptos lingüísticos que se introducen o explican.	
Señalar la categoría gramatical o ejemplificar el significado de una palabra en los diccionarios.	

2. Subraya las palabras que deberían ir en cursiva en las siguientes oraciones y justifica tu respuesta:

> Corrige

- Mis amigos fueron al cine para ver Terminator 3.
  _____

- Las cocretas del bar de la esquina son magníficas.
  _____

- La policía se enteró de la manifestación a posteriori.
  _____

- Pocas personas desconocen el significado del vocablo marrano.
  _____

- Siempre os equivocáis con la forma verbal leístes.
  _____

3. Escribe el significado de las siguientes abreviaturas:

| sus majestades | santa | ilustrísimo | profesora |
| excelentísimo | su alteza real | señorita | ustedes |

- Excmo. → _____
- S. A. R. → _____
- Srta. → _____
- SS. MM. → _____
- Uds. → _____
- Prof.ª → _____
- Ilmo. → _____
- Sta. → _____

4. Escribe ahora la abreviatura respectiva de los términos que se indican. Acuérdate de poner siempre un punto al final de cada una:

compañía		izquierda		número	
página		párrafo		verso	
siglo		principal		código	

5. Con los símbolos podemos representar, por ejemplo, unidades de medida o elementos químicos. A partir de los que te indicamos, descubre las palabras correspondientes:

| mg | | min | | mm | | NE | |
| Pt | | Pb | | Na | | Ni | |

33

16 Errores ortográficos comunes

> A veces hay **palabras que pueden escribirse de varias maneras** o que coinciden en su pronunciación pero no en su escritura. Para evitar la confusión en su uso, te ofrecemos en estas páginas algunos casos muy significativos en los que es fácil confundirse. A ver si no te resultan difíciles.

1. No debes confundir el verbo *haber* en infinitivo con la expresión *a ver*, en oraciones como *Tiene que haber alguien dentro* y *A ver si hay alguien dentro*. En la segunda podríamos poner delante *vamos*. Completa con *haber* o *a ver*, según corresponda:

   • No sé lo que haremos; _____ que dicen los demás.

   • Tu verás; _____ tiempo lo hay, pero no sé si tendremos ganas.

   • _____ cuánto tardan en ponerse a hablar; son incansables.

   • _____ se utiliza para formar los tiempos compuestos de los verbos.

   • Voy _____ si hay sitio en la terraza.

2. En la siguiente tabla, relaciona cada caso con su definición:

porque	• •	Se escribe tras verbos que necesitan la preposición *por*.
por qué	• •	Es un sustantivo que significa *motivo, razón*.
por que	• •	Tiene un valor interrogativo y exclamativo.
porqué	• •	Se utiliza para expresar la causa.

3. En las siguientes oraciones escribe *porque, por qué, porqué* o *por que*:

   • Nunca supimos el _____ de tu decisión de marcharte a vivir a Francia.

   • Dime _____ no quieres venir conmigo a la fiesta de Serafín.

   • Haré lo que esté en mis manos _____ seas feliz.

   • No me contestó _____ dijo que tenía mucha prisa, y se fue.

   • Tus padres trabajan mucho _____ tú puedas estudiar una carrera.

   • No me quedó claro _____ había que pintar el salón de color violeta.

   • Explícame _____ quieres ir a ese campamento.

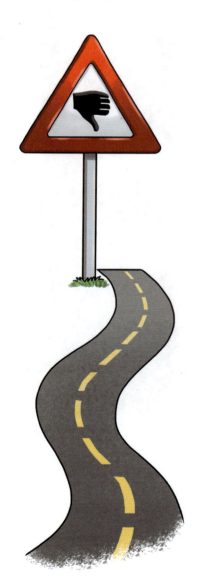

4. Lee la siguiente oración y responde luego a las preguntas:

*El **sino** es el destino; **si no** lo entiendes no es porque sea difícil, **sino** porque no prestas atención.*

a) ¿Qué tipo de palabra es *sino* en *El sino es el destino*?

_____

b) ¿Y en *sino porque no prestas atención*?

_____

c) ¿Por qué crees que se escribe separado en el tercer caso? ¿Es una palabra o son dos? ¿Qué tipo o tipos de palabra son?

_____

5. Elige ahora una de las tres formas de la actividad anterior para los huecos vacíos de las siguientes oraciones:

- No lo digo por ti, _____ por el pesado de Agustín.

- _____ te apetece venir es mejor que te quedes en tu casa, descansando.

- El primo de Lorena no es pintor, _____ carpintero.

- Todos los días hay que madrugar para ir al trabajo; es nuestro _____.

- Estoy un poco cansado, _____ fuera porque vas tú, no iría al cumpleaños de Ana.

- Esa canción no es de Melendi, _____ de Malú.

6. En el calcetín de la izquierda se encierra la explicación de las palabras que hay en el calcetín de la derecha. Sácalas de allí y júntalas en la tabla de abajo:

interjección   adverbio de lugar   forma verbal

hay
¡ay!
ahí

ahí	
hay	
¡ay!	

7. Completa las oraciones con las palabras de la actividad anterior:

- ¡Déjalo _____ mismo! Ya lo recogeré yo luego.

- Mira qué tontería han escrito _____.

- _____, ¡qué pena me da pensar en cosas tristes!

- _____ que tener cuidado con lo que se dice delante de otras personas.

- Ya no _____ más sitio _____: habrá que poner las camisas en otro armario.